||| || | | | |||||||||||||| || ||| || |||
AF222194

Impressum
Verlag: BABADADA GmbH, Nedderfeld 112 , 22529 Hamburg
Geschäftsführer / Verlagsleitung: Harald Hof
Druck: Books on Demand GmbH, In de Tarpen 42, 22848 Norderstedt

Imprint
Publisher: BABADADA GmbH, Nedderfeld 112 , 22529 Hamburg, Germany
Managing Director / Publishing direction: Harald Hof
Print: Books on Demand GmbH, In de Tarpen 42, 22848 Norderstedt

l'école
shule

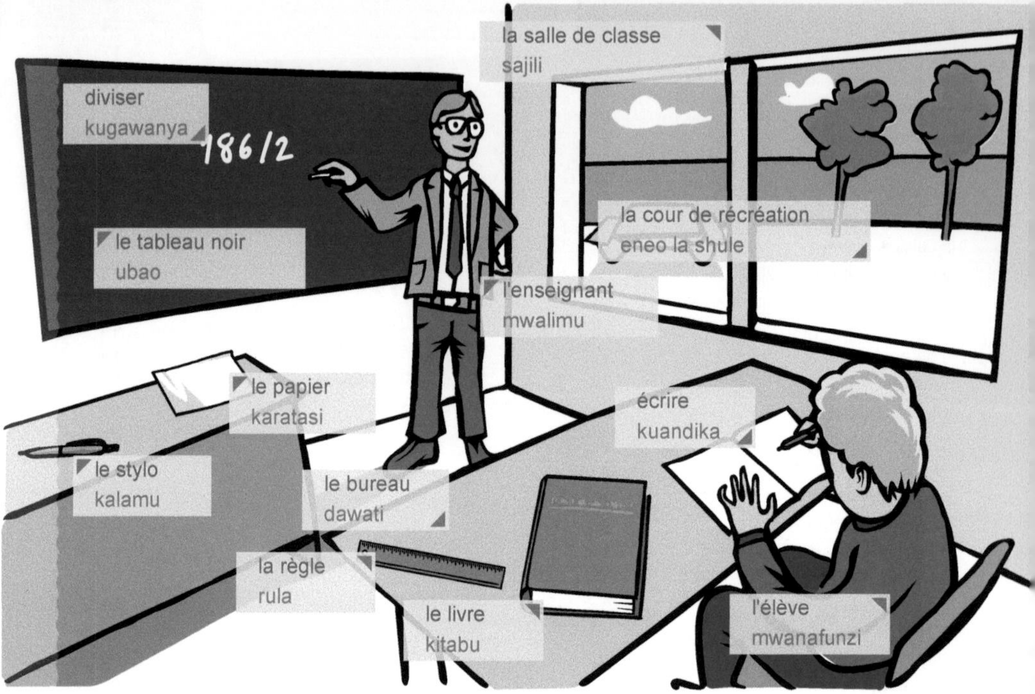

diviser
kugawanya

186/2

le tableau noir
ubao

la salle de classe
sajili

la cour de récréation
eneo la shule

l'enseignant
mwalimu

le papier
karatasi

écrire
kuandika

le stylo
kalamu

le bureau
dawati

la règle
rula

le livre
kitabu

l'élève
mwanafunzi

le sac d'école

mkoba

la trousse

kikasha cha penseli

le crayon

penseli

le taille-crayon

kichonga penseli

la gomme

mpira

le carnet à dessin

pedi ya kuchora

le dessin
....
uchoraji

le pinceau
....
brashi ya rangi

la boîte de peinture
....
sanduku la rangi

les ciseaux
....
mkasi

la colle
....
gundi

le cahier d'exercices
....
daftari

les tâches
....
kazi ya nyumbani

le chiffre
....
nambari

additionner
....
jumlisha

soustraire
....
ondoa

multiplier
....
zidisha

calculer
....
kokotoa

la lettre
....
barua

l'alphabet
....
alfabeti

le mot
....
neno

le texte

maandishi

lire

kusoma

la craie

chaki

la leçon

somo

le livre de classe

sajili

l'examen

uchunguzi

le certificat

cheti

l'uniforme scolaire

sare za shule

la formation

elimu

le lexique

elezo

l'université

chuo kikuu

le microscope

darubini

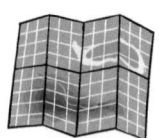

la carte

ramani

la corbeille à papier

kikapu cha kuweka karatasi
chafu

le voyage
usafiri

l'hôtel
hoteli
Grand
l'auberge
hosteli
ROOMS
le bureau de change
ofisi ya ubadilishanaji
CHANGE
la valise
sanduku
la voiture
gari

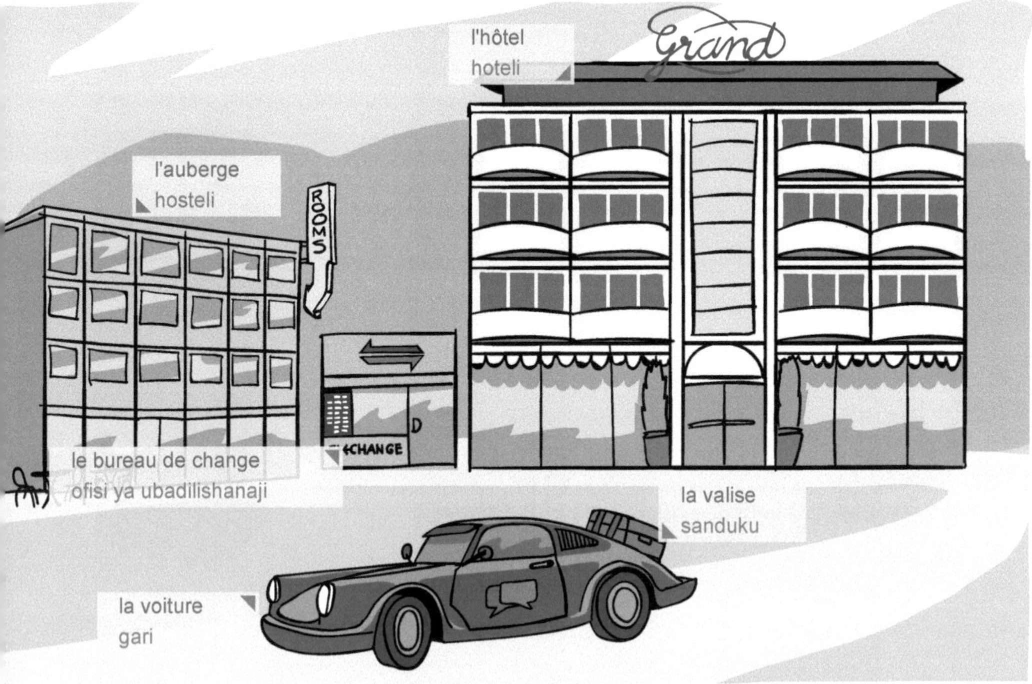

la langue

lugha

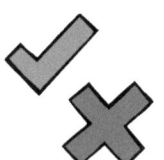

oui / non

ndiyo / la

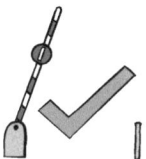

d'accord

sawa

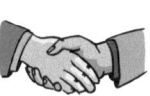

Salut

hujambo

l'interprète

mtafsiri

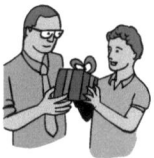

merci

Asante

Combien coûte...?

kiasi gani ni ...?

Je ne comprends pas

Sielewi

le problème

tatizo

Bonsoir!

Jioni njema!

Bonjour!

Habari za asubuhi!

Bonne nuit!

Usiku mwema!

Au revoir

kwa heri

la direction

mwelekeo

les bagages

mizigo

le sac

mfuko

le sac-à-dos

shanta

l'hôte

mgeni

la pièce

chumba

le sac de couchage

begi la kulalia

la tente

hema

l'office de tourisme

taarifa ya utalii

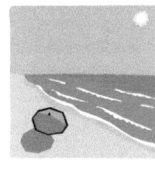

la plage

ufuo

la carte de crédit

kadi

le petit-déjeuner

kifunguakinywa

le déjeuner

chakula cha mchana

le dîner

chakula cha jioni

le billet

tiketi

l'ascenseur

kuinua

le timbre

muhuri

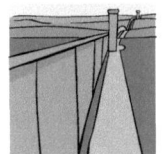

la frontière

mpaka

la douane

mila

l'ambassade

ubalozi

le visa

visa

le passeport

pasipoti

le transport
usafiri

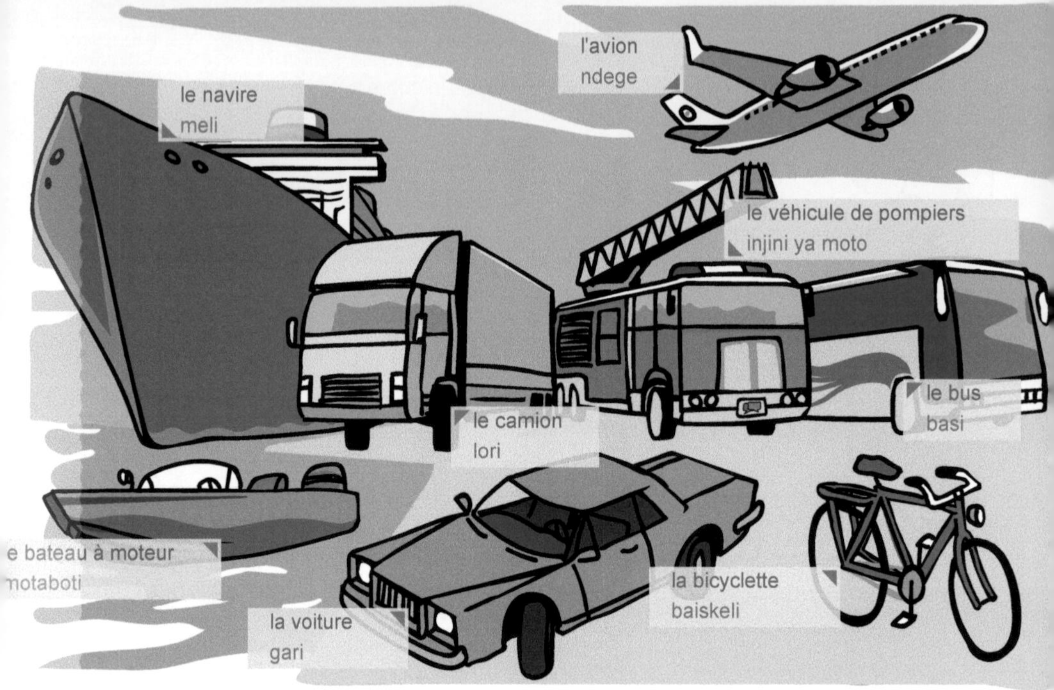

l'avion
ndege
le navire
meli
le véhicule de pompiers
injini ya moto
le bus
basi
le camion
lori
e bateau à moteur
otaboti
la bicyclette
baiskeli
la voiture
gari

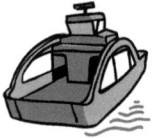

le ferry

feri

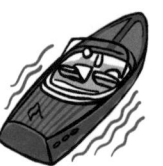

la barque

mashua

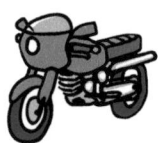

la moto

pikipiki

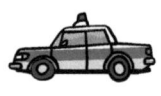

la voiture de police

gari la polisi

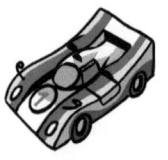

la voiture de course

gari la mashindano

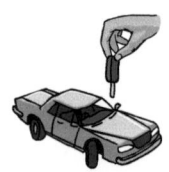

la voiture de location

gari la kukodisha

l'autopartage

kushiriki gari

la dépanneuse

lori la kuvuta

la benne à ordures

ukusanyaji taka

le moteur

motor

l'essence

mafuta

la station d'essence

kituo cha mafuta

le panneau indicateur

ishara trafiki

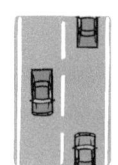

le trafic

trafiki

l'embouteillage

msongamano

le parking

maegesho

la gare

kituo cha treni

les rails

reli

le train

garimoshi

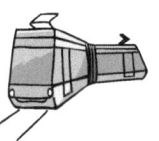

le tram

tremu

le wagon

gari la mizigo

l'hélicoptère
helikopta

l'aéroport
uwanja wa ndege

la tour
mnara

le passager
abiria

le container
chombo

le carton
katoni

le chariot
mkokoteni

la corbeille
kikapu

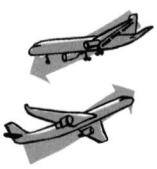

décoller / atterrir
ondoka

la ville

jiji

le village
kijiji

le centre-ville
katikati ya jiji

la maison
nyumba

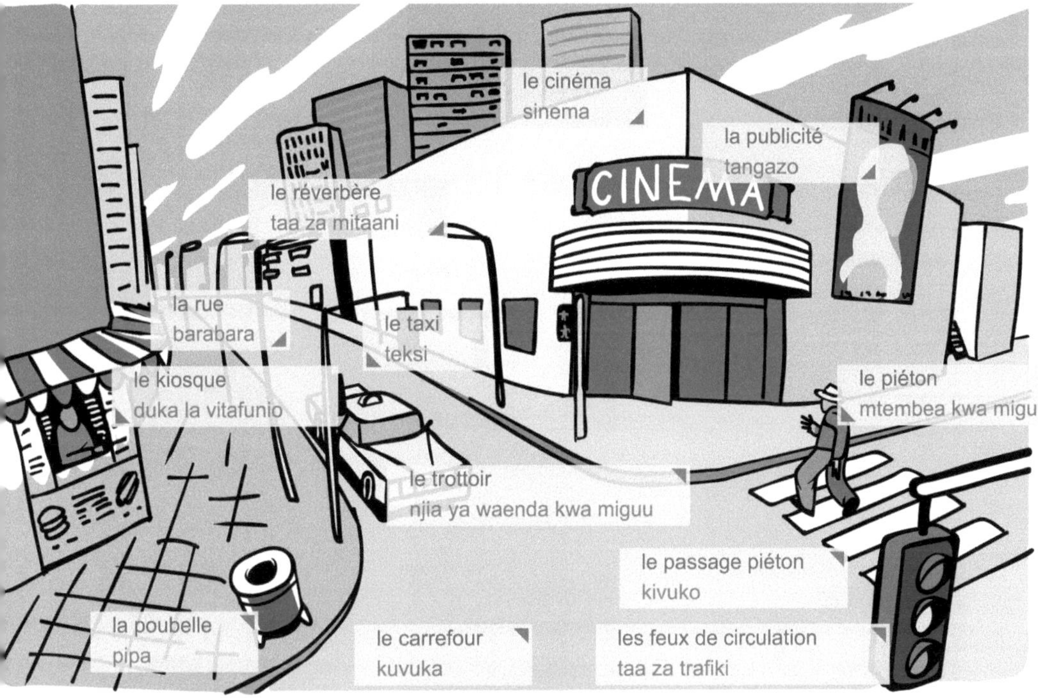

le cinéma
sinema

la publicité
tangazo

le réverbère
taa za mitaani

CINEMA

la rue
barabara

le taxi
teksi

le kiosque
duka la vitafunio

le piéton
mtembea kwa miguu

le trottoir
njia ya waenda kwa miguu

le passage piéton
kivuko

la poubelle
pipa

le carrefour
kuvuka

les feux de circulation
taa za trafiki

la cabane
kibanda

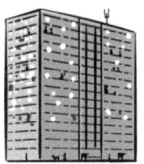

l'appartement
gorofa

la gare
kituo cha treni

la mairie
ukumbi wa mji

le musée
Makavazi

l'école
shule

l'université

chuo kikuu

la banque

benki

l'hôpital

hospitali

l'hôtel

hoteli

la pharmacie

duka la dawa

le bureau

ofisi

la librairie

duka la kitabu

le magasin

duka

le fleuriste

duka la maua

le supermarché

dukakuu

le marché

soko

le grand magasin

idara ya kuhifadhi

la poissonnerie

mwuza samaki

le centre commercial

kituo cha ununuzi

le port

bandari

le parc

Hifadhi

la banque

benki

le pont

daraja

les escaliers

vidato

le métro

chini ya ardhi

le tunnel

handaki

l'arrêt de bus

kituo cha mabasi

le bar

bar

le restaurant

mgahawa

la boîte à lettres

sanduku la posta

le panneau indicateur

ishara ya barabara

le parcomètre

mita ya maegesho

le zoo

bustani ya wanyama

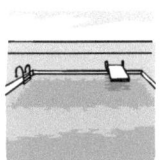

le réverbère

kidimbwi cha kuogelea

la mosquée

msikiti

la ferme

shamba

la pollution

uchafuzi

le cimetière

makaburini

l'église

kanisa

l'aire de jeux

uwanja wa michezo

le temple

hekalu

le paysage

mazingira

la feuille
jani

le panneau indicateur
ishara ya mwelekeo

le chemin
njia

le pré
malisho

la pierre
jiwe

le randonneur
mtembeaji wa masafa

l'arbre
mti

la rivière
mto

l'herbe
nyasi

la fleur
ua

la vallée
bonde

la montagne
kilima

le lac
ziwa

la forêt
msitu

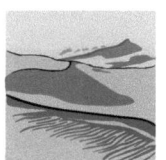

le désert
jangwa

le volcan
volkano

le château
ngome

l'arc-en-ciel
upinde wa mvua

le champignon
uyoga

le palmier
mtende

le moustique
mbu

la mouche
kuruka

les fourmis
chungu

l'abeille
nyuki

l'araignée
buibui

le scarabée

mende

la grenouille

chura

l'écureuil

kuchakuro

le hérisson

nungunungu

le lapin

sungura

la chouette

bundi

l'oiseau

ndege

le cygne

swan

le sanglier

nguruwe mwitu

le cerf

kulungu

l'élan

aina ya kongoni

le barrage

bwawa

l'éolienne

tabo ya upepo

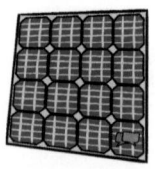

le panneau solaire

nishaji ya jua

le climat

hali ya hewa

le restaurant
mgahawa

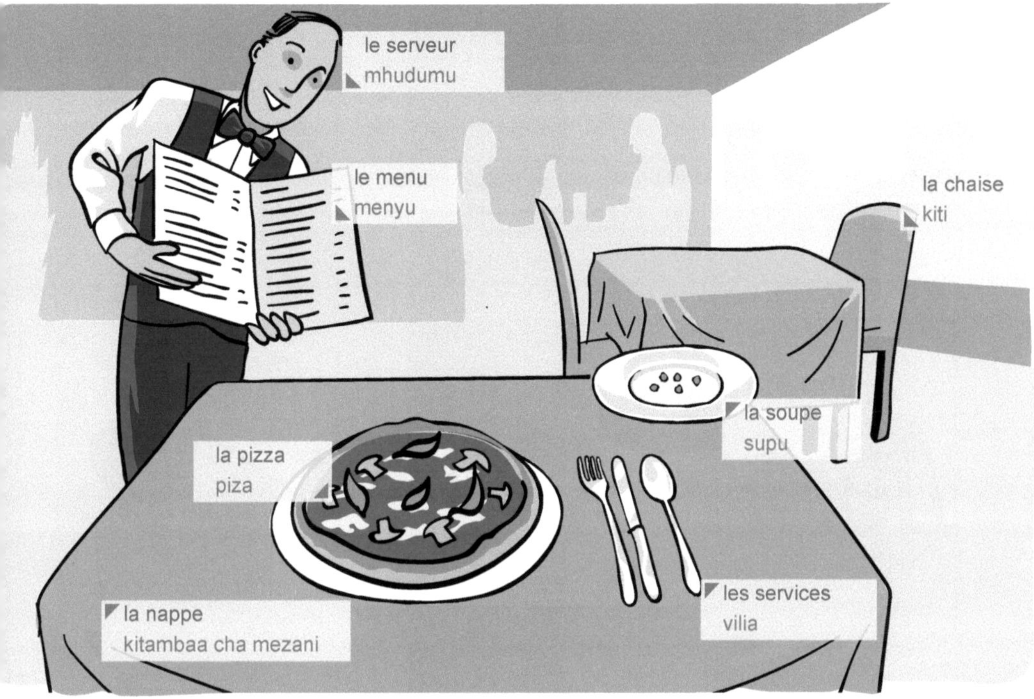
le serveur
mhudumu
le menu
menyu
la chaise
kiti
la soupe
supu
la pizza
piza
les services
vilia
la nappe
kitambaa cha mezani

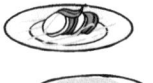

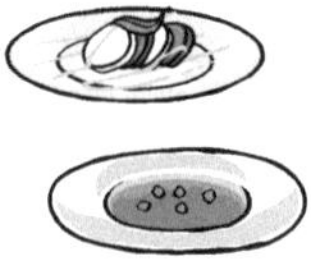

les hors d'œuvre

kiamsha hamu

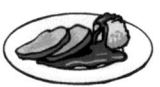

le plat principal

kozi kuu

le dessert

kitindamlo

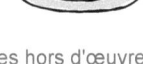

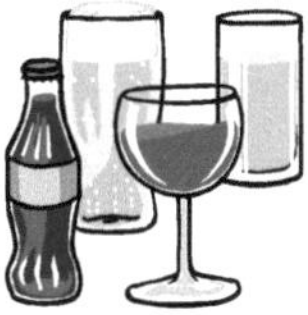

les boissons

vinywaji

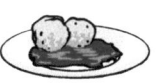

l'alimentation

chakula

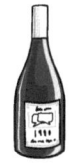

la bouteille

chupa

le fast-food
chakula cha haraka

les plats à emporter
Streetfood

la théière
buli

le sucrier
kisanduku cha sukari

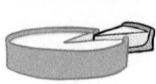

la portion
sehemu

la machine à expresso
mashine ya espresso

la chaise haute
kiti kirefu

la facture
muswada

le plateau
trei

le couteau
kisu

la fourchette
uma

la cuillère
kijiko

la cuillère à thé
kijiko cha chai

la serviette
nepi

le verre
glasi

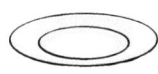

l'assiette

sahani

l'assiette à soupe

sahani ya supu

la soucoupe

sufuria

la sauce

mchuzi

la salière

kichanyaji chumvi

le moulin à poivre

kinu cha pilipili

le vinaigre

siki

l'huile

mafuta

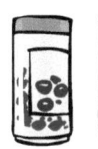

les épices

viungo

le ketchup

kechapu

la moutarde

haradali

la mayonnaise

kachumbari nzito

le supermarché

dukakuu

l'offre promotionnelle
ofa maalum
FOR
le client
mteja
les produits laitiers
maziwa
les fruits
matunda
le caddie
toroli

BUTCHERS

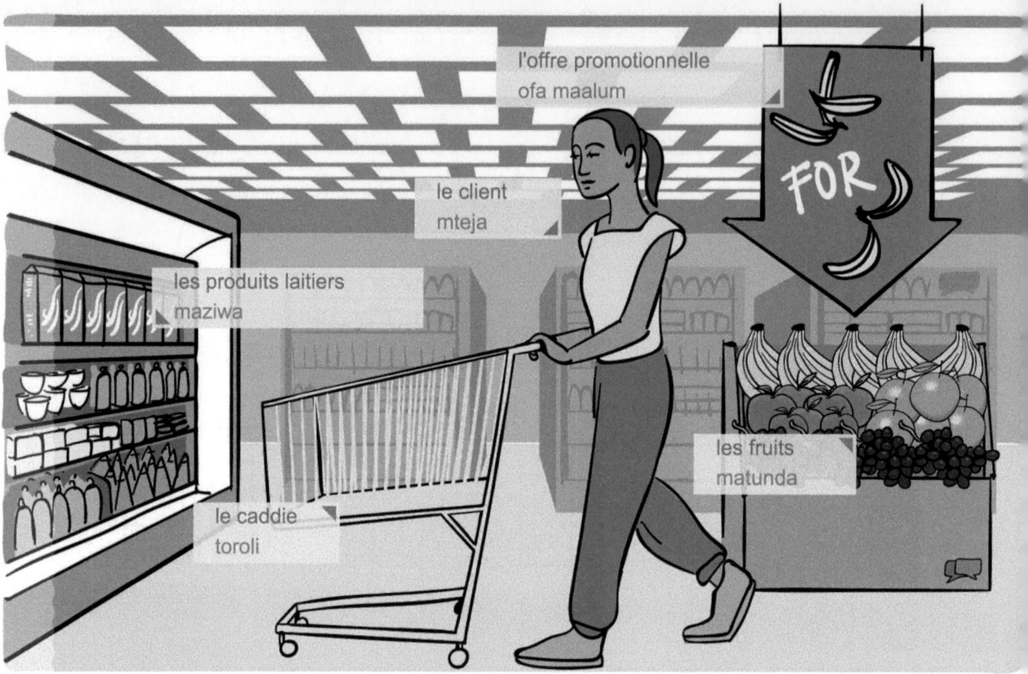

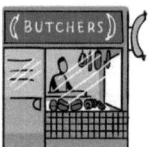

la boucherie

mchinjaji

BAKERY

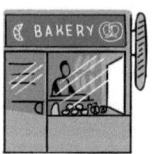

la boulangerie

mwokaji

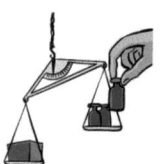

peser

uzito

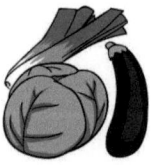

les légumes

mboga

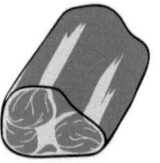

la viande

nyama

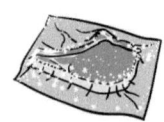

les aliments surgelés

chakula waliohifadhiwa

la charcuterie

vipande vya nyama baridi

les conserves

chakula cha kopo

la poudre à lessive

sabuni ya unga

les bonbons

pipi

les articles ménagers

bidhaa za kaya

les détergents

bidhaa za kusafisha

la vendeuse

mtu mauzo

la caisse

mpaka

le caissier

keshia

la liste d'achats

orodha ya manunuzi

les heures d'ouverture

masaa ya ufunguzi

le portefeuille

mkoba

la carte de crédit

kadi

le sac

mfuko

le sac en plastique

mfuko wa plastiki

l'eau

maji

le jus de fruit

sharubati

le lait

maziwa

le coca

coke

le vin

mvinyo

la bière

bia

l'alcool

pombe

le chocolat chaud

kakao

le thé

chai

le café

kahawa

l'expresso

spreso

le cappuccino

kapuchino

la banane

ndizi

la pomme

tufaha

l'orange

machungwa

le melon

tikiti

le citron

lemon

la carotte

karoti

l'ail

kitunguu saumu

le bambou

mianzi

l'oignon

kitunguu

le champignon

uyoga

les noisettes

karanga

les pâtes

nudo

les spaghettis

spageti

le riz

mpunga

la salade

saladi

les frites

vibanzi

les pommes de terre rôties

viazi vya kukaanga

la pizza

piza

le hamburger

hambaga

le sandwich

sandwichi

l'escalope

kipande

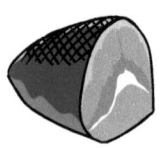

le jambon

paja la mnyama

le salami

salami

la saucisse

soseji

le poulet

kuku

le rôti

choma

le poisson

samaki

les flocons d'avoine

oats ya uji

le muesli

muesli

les cornflakes

cornflakes

la farine

unga

le croissant

kroisanti

les petits-pains

andazi

le pain

mkate

le pain grillé

mkate wa kubanika

les biscuits

biskuti

le beurre

siagi

le fromage blanc

maziwa mgando

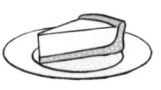

le gâteau

keki

l'œuf

yai

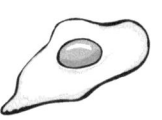

l'œuf au plat

yai kukaanga

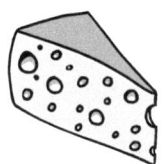

le fromage

jibini

la glace

aiskrimu

le sucre

sukari

le miel

asali

la confiture

jemu

la crème nougat

kuenea kwa chokoleti

le curry

mchuzi wa viungo

la ferme
shamba

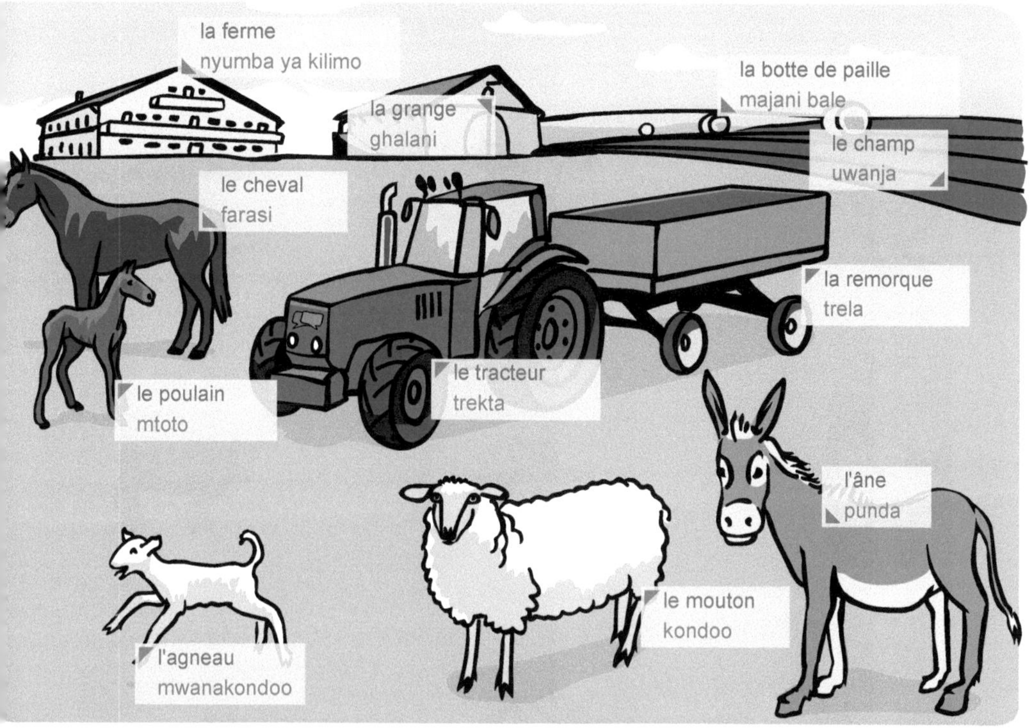
la ferme
nyumba ya kilimo
la grange
ghalani
la botte de paille
majani bale
le champ
uwanja
le cheval
farasi
la remorque
trela
le tracteur
trekta
le poulain
mtoto
l'âne
punda
le mouton
kondoo
l'agneau
mwanakondoo

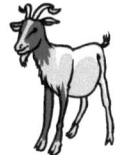

la chèvre

mbuzi

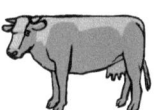

la vache

ng'ombe

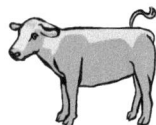

le veau

ndama

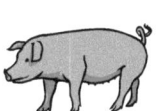

le porc

nguruwe

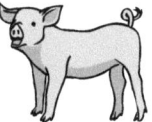

le porcelet

mwananguruwe

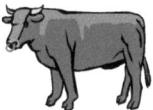

le taureau

fahali

l'oie

batabukini

le canard

bata

le poussin

kifaranga

la poule

kuku

le coq

jogoo

le rat

panya

le chat

paka

la souris

panya

le bœuf

ng'ombe

le chien

mbwa

le chenil

nyumba ya mbwa

le tuyau de jardin

bomba la bustani

l'arrosoir

debe la kumwagilia maji

la faucheuse

fyekeo

la charrue

kulima

la faucille

mundu

la pioche

jembe

la fourche

uma wa nyasi

la hache

shoka

la brouette

toroli

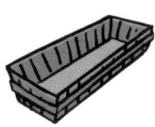

la cuve

kupitia nyimbo

le pot à lait

chombo cha maziwa

le sac

gunia

la clôture

ua

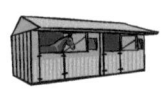

l'étable

imara

la serre

chafu

le sol

udongo

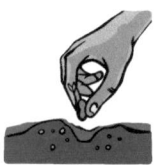

les semences

mbegu

l'engrais

mbolea

la moissonneuse-batteuse

kivunaji

récolter
mavuno

la récolte
mavuno

l'igname
viazi vikuu

le blé
ngano

le soja
soya

la pomme de terre
viazi

le maïs
mahindi

le colza
rapa

l'arbre fruitier
mti wa matunda

le manioc
muhogo

les céréales
nafaka

la maison
nyumba

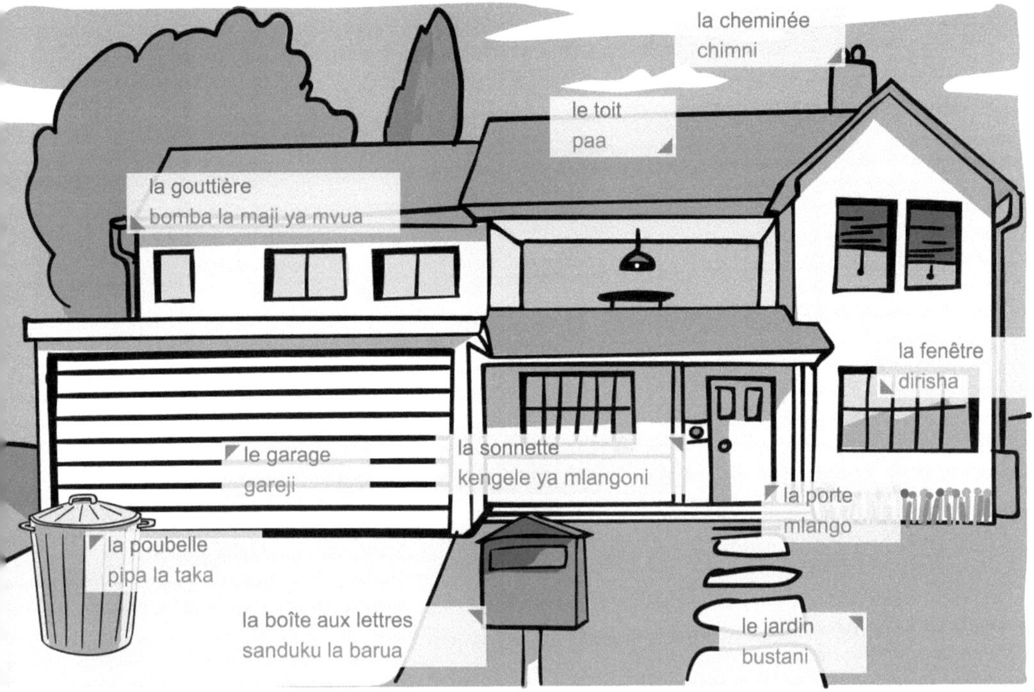

la cheminée
chimni
le toit
paa
la gouttière
bomba la maji ya mvua
la fenêtre
dirisha
le garage
gareji
la sonnette
kengele ya mlangoni
la porte
mlango
la poubelle
pipa la taka
la boîte aux lettres
sanduku la barua
le jardin
bustani

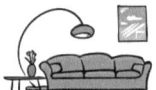

le salon
sebuleni

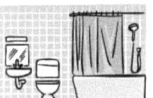

la chambre de bain
bafu

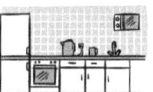

la cuisine
jikoni

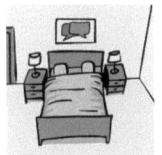

la chambre à coucher
chumba cha kulala

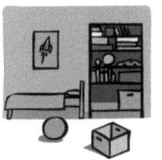

la chambre d'enfant
chumba ya mtoto

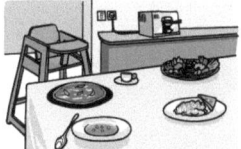

la salle à manger
chumba cha kulia

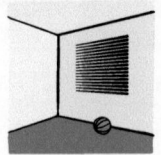

le sol
....
sakafu

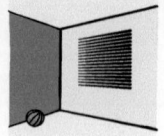

le mur
....
ukuta

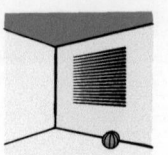

le plafond
....
dari

la cave
....
pishi

le sauna
....
sauna

le balcon
....
roshani

la terrasse
....
mtaro

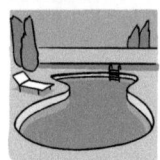

la piscine
....
kidimbwi

la tondeuse à gazon
....
mashine ya kukata nyasi

la fourre de duvet
....
karatasi

la couette
....
kitambaa cha kupamba
kitanda

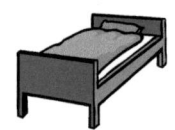

le lit
....
kitanda

le balai
....
ufagio

le sceau
....
ndoo

l'interrupteur
....
kubadili

le salon
sebuleni

le papier peint
mandhari
l'image
picha
la lampe
taa
l'étagère
rafu
l'armoire
kabati
la télé
televisheni/runinga
la cheminée
mekoni
la fleur
ua
le coussin
mto
le canapé
sofa
le vase
chombo cha maua
la télécommande
kitenzambali

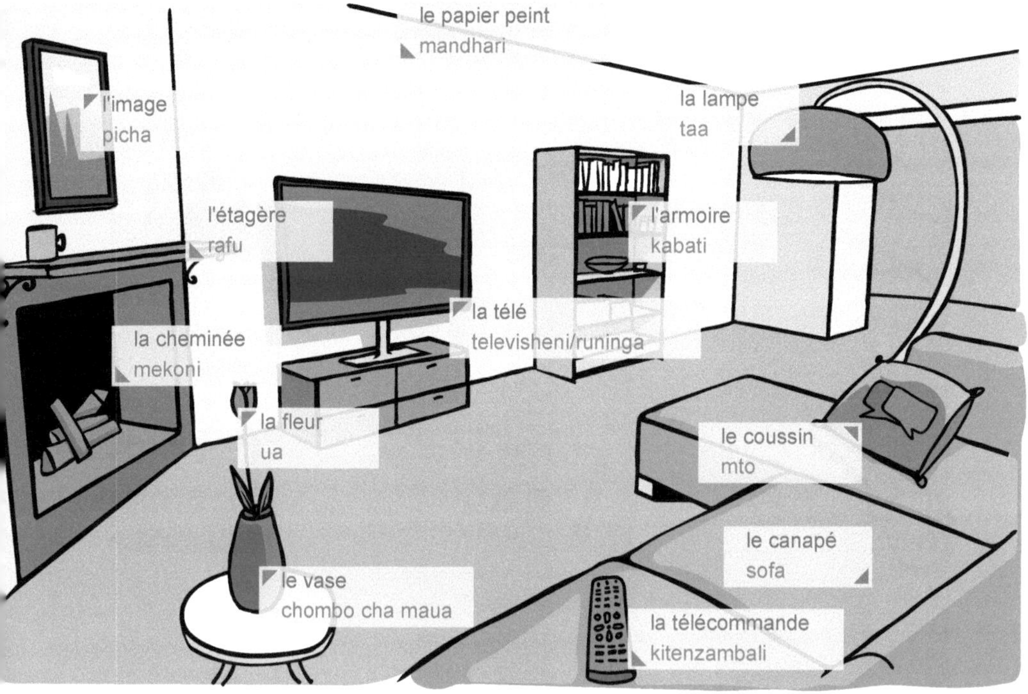

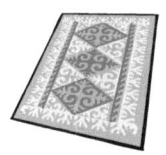

le tapis

zulia

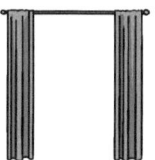

le rideau

pazia

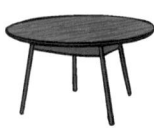

la table

meza

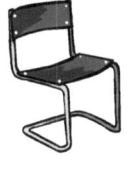

la chaise

kiti

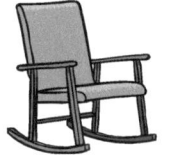

la chaise à bascule

kiti cha bembea

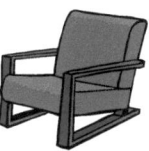

le fauteuil

armchair

le livre

kitabu

la couverture

blanketi

la décoration

mapambo

le bois de chauffage

kuni

le film

filamu

la chaîne hi-fi

kifaa cha hi-fi

la clé

ufunguo

le journal

gazeti

la peinture

uchoraji

le poster

bango

la radio

redio

le bloc-notes

daftari

l'aspirateur

kifyonza

le cactus

dungusi kakati

la bougie

mshumaa

la cuisine
jikoni

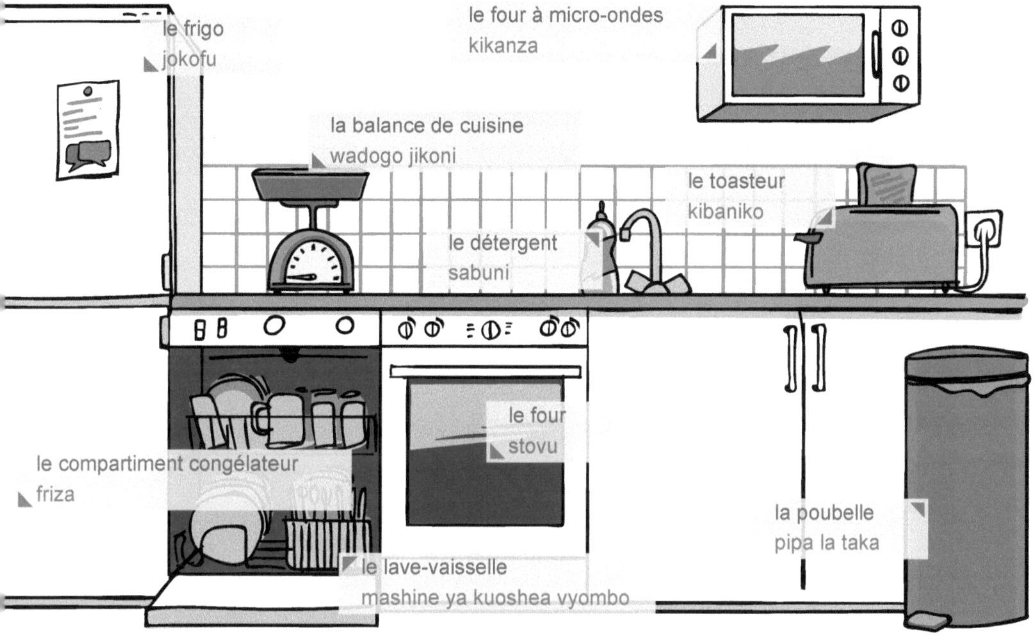

le frigo
jokofu
le four à micro-ondes
kikanza
la balance de cuisine
wadogo jikoni
le toasteur
kibaniko
le détergent
sabuni
le four
stovu
le compartiment congélateur
friza
la poubelle
pipa la taka
le lave-vaisselle
mashine ya kuoshea vyombo

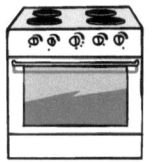

le four

jiko la kupika

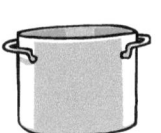

la casserole

chungu

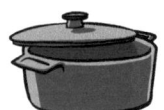

la marmite

sufuria ya chuma

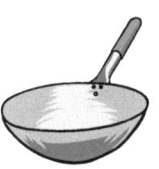

le wok/kadai

wok / kadai

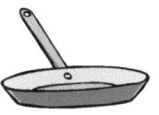

la poêle

kaango

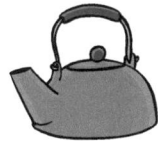

la bouilloire électrique

birika

le cuiseur vapeur

stima

la plaque de cuisson

sinia ya kuoka

la vaisselle

vyombo vya udongo

le gobelet

kombe

le bol

bakuli

les baguettes

vijiti vya kulia

la louche

ukawa

la spatule

mwiko mpana

le fouet

burashi

la passoire

kichujio

le tamis

chujio

la râpe

mbuzi

le mortier

chokaa

le barbecue

barbeque

la cheminée

moto wazi

la planche à découper

ubao wa majaribio

le rouleau à pâtisserie

kijiti cha kusukuma unga

le tire-bouchon

kizibuo

la boîte

kopo

l'ouvre-boîte

inaweza kopo

les maniques

kishikio cha chungu

le lavabo

karo

la brosse

brashi

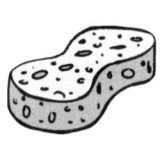

l'éponge

sifongo

le mixeur

kisagaji matunda

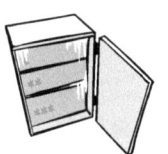

le congélateur

friji ya kina

le biberon

chupa ya mtoto

le robinet

bomba

la chambre de bain

bafu

la douche
mfereji wa kuogea
le chauffage
joto
la serviette
taulo
le rideau de douche
pazia la kuogea
le bain moussant
maji ya kuoga yenye povu
la baignoire
hodhi
le verre
glasi
la machine à laver
mashine ya kuosha
le robinet
bomba
le carrelage
vigae
le pot
poti
le lavabo
karo

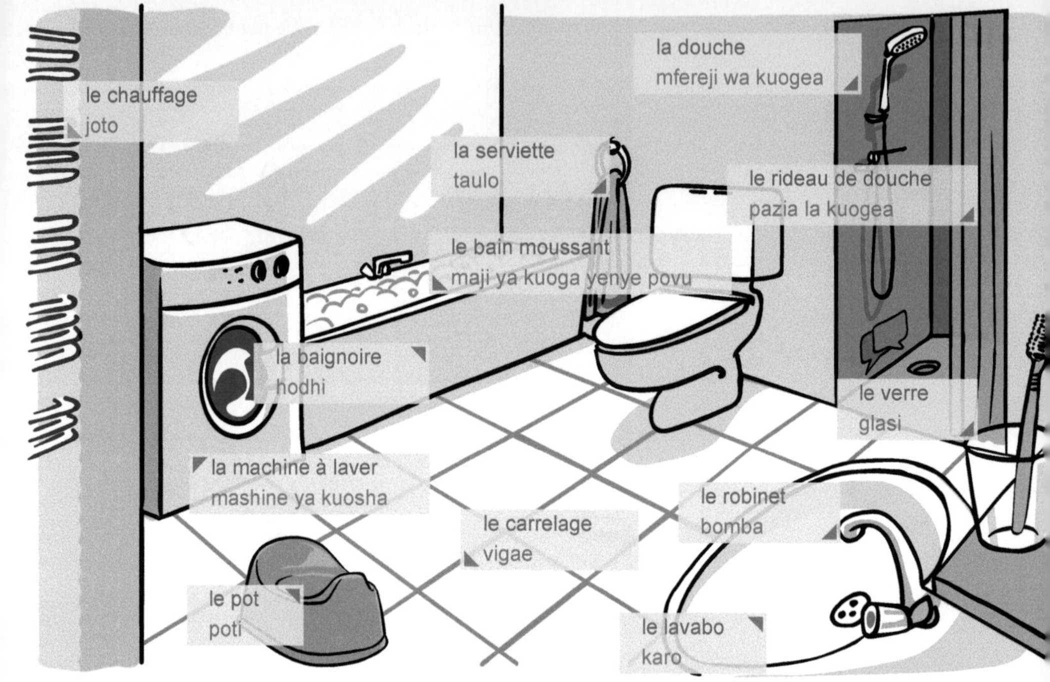

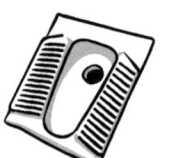

les toilettes

choo

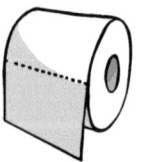

la toilette à la turque

choo cha squat

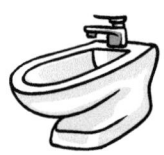

le bidet

beseni la mviringo

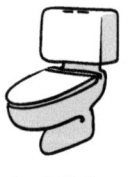

l'urinoir

choo cha umma

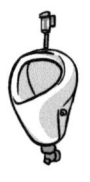

le papier toilette

shashi

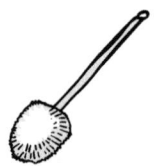

la brosse à toilette

brashi ya choo

la brosse à dents

mswaki

le dentifrice

dawa ya meno

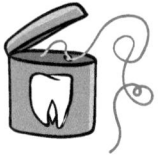

le fil dentaire

dawa ya meno

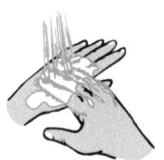

laver

safisha

la douche manuelle

kuoga mkono

la douche intime

msukumo wa maji

la vasque

bonde

la brosse dorsale

mpako wa pili

le savon

sabuni

le gel douche

jeli ya kuogea

le shampooing

shampuu

le gant de toilette

flana

l'écoulement

toa maji

la crème

krimu

le déodorant

kiondoa harufu

le miroir

kioo

le miroir cosmétique

kioo mkono

le rasoir

kinyozi

la mousse à raser

povu la kunyoa

l'après-rasage

baada ya kunyoa

la peigne

kichana

la brosse

brashi

le sèche-cheveux

kikausha nywele

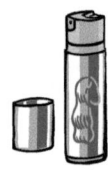

la laque pour cheveux

marashi ya nyewele

le fond de teint

vipodozi

le rouge à lèvres

kidomwa

le vernis à ongles

varnish ya msumari

l'ouate

pamba

le coupe-ongles

mkasi wa kucha

le parfum

manukato

la trousse de toilette

mkoba wa kuosha

le tabouret

kinyesi

la balance

mizani

le peignoir

nguo ya kuoga

les gants de nettoyage

glavu za mpira

le tampon

kisodo

les serviettes hygiéniques

sodo

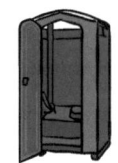

la toilette chimique

kemikali choo

la chambre d'enfant

chumba ya mtoto

le réveil
saa ya kengele
le doudou
kidoli cha kupakata
la voiture jouet
gari bandia
le hochet
kelele
la maison de poupée
chumba cha midoli
le cadeau
sasa

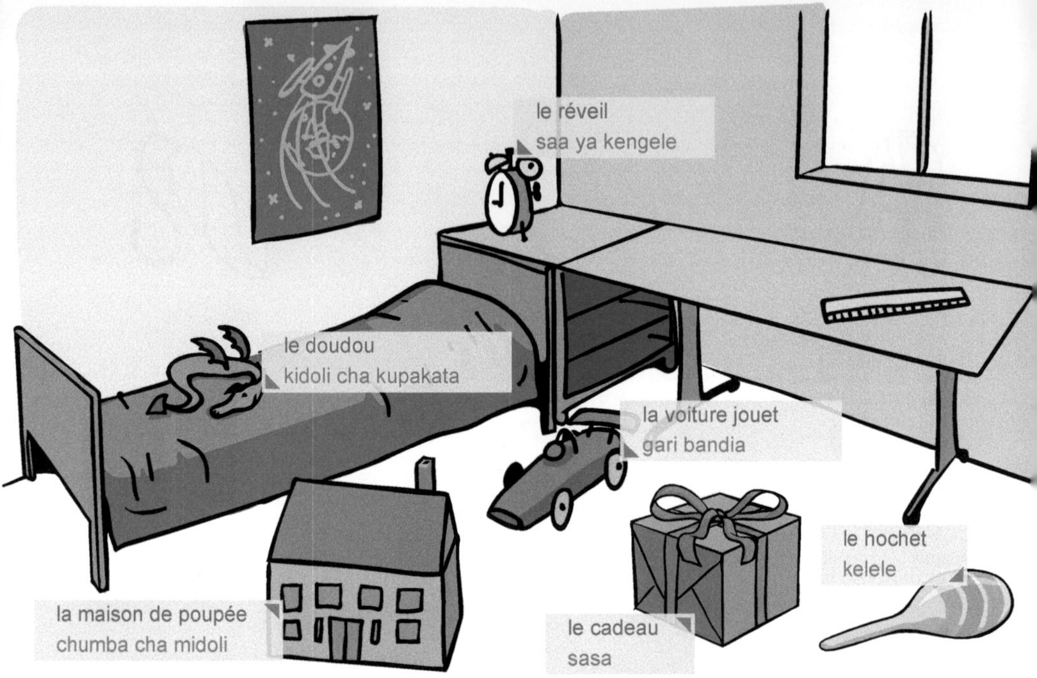

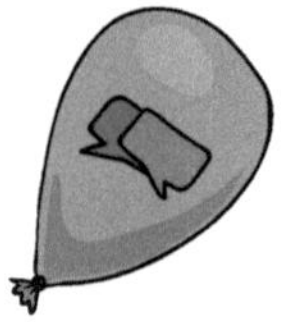

le ballon

baluni

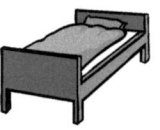

le lit

kitanda

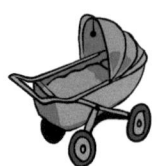

la poussette

mashua

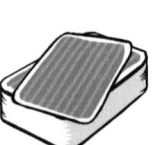

le jeu de cartes

staha ya kadi

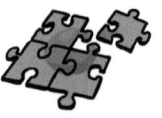

le puzzle

mchezo-fumb

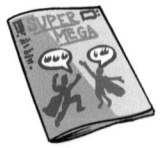

la bande dessinée

vichekesho

les pièces lego

matofali lego

les blocs de construction

vitalu mwigo

la figurine

hatua takwimu

la grenouillère

suti ya kulalia

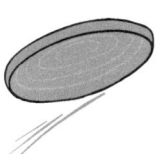

le frisbee

kisahani

le mobile

simu

le jeu de société

ubao wa michezo

le dé

kete

le train miniature

garimoshi mwigo

la sucette

dummy

la fête

chama

le livre d'images

picha kitabu

la balle

mpira

la poupée

kikaragosi

jouer

kucheza

le bac à sable

shimo la mchanga

la balançoire

bembea

les jouets

vitu bandia

la console de jeu

kiweko cha video ya mchezo

le tricycle

baiskeli ya magurudumu

l'ours en peluche

mwanasesere

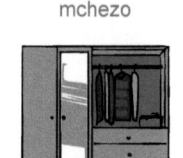

l'armoire

kabati

matatu

les vêtements

nguo

les chaussettes

soksi

les bas

stokingi

le collant

kibano

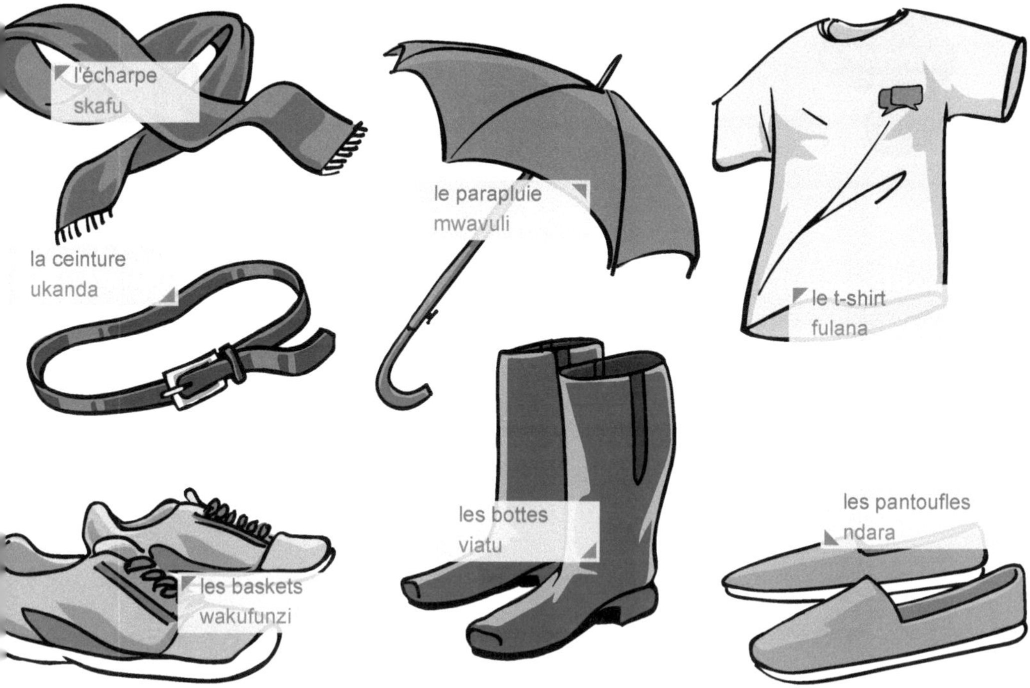

l'écharpe
skafu

le parapluie
mwavuli

le t-shirt
fulana

la ceinture
ukanda

les bottes
viatu

les pantoufles
ndara

les baskets
wakufunzi

les sandales
....
malapa

les chaussures
....
viatu

les bottes de caoutchouc
....
mabuti ya mpira

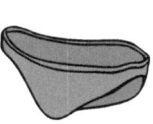

le linge de corps
....
suruali ya ndani

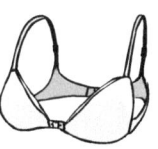

le soutien-gorge
....
sidiria

le maillot de corps
....
fulana

le body

mwili

le pantalon

suruali

le jean

dangirizi

la jupe

sketi

le chemisier

blauzi

la chemise

shati

le pull

vuta

le pull-over à capuche

sweta

la veste

bleza

la veste

jaketi

le manteau

koti

l'imperméable

koti la mvua

le costume

maleba

la robe

gauni

la robe de mariée

mavazi ya harusi

le costume
suti

la chemise de nuit
vazi la usiku

le pyjama
pajama

le sari
sari

le foulard
skafu

le turban
kilemba

la burqa
burka

le caftan
kaftan

l'abaya
abaya

le maillot de bain
vazi la kuogelea

le costume de bain
vazi la kiume la kuogelea

les cuissettes
kaptura

la tenue d'entraînement
teitei

le tablier
aproni

les gants
glavu

le bouton
kifungo

les lunettes
glasi

le bracelet
bangili

le collier
mkufu

la bague
pete

la boucle d'oreille
herini

le bonnet
kofia

le cintre
kiango cha koti

le chapeau
kofia

la cravate
tai

la fermeture éclair
zipu

le casque
kofia

les bretelles
kanda za suruali

l'uniforme scolaire
sare za shule

l'uniforme
sare

le bavoir
....
bibu

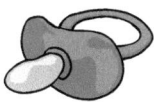

la sucette
....
dummy

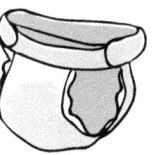

la couche
....
nepi

le bureau
ofisi

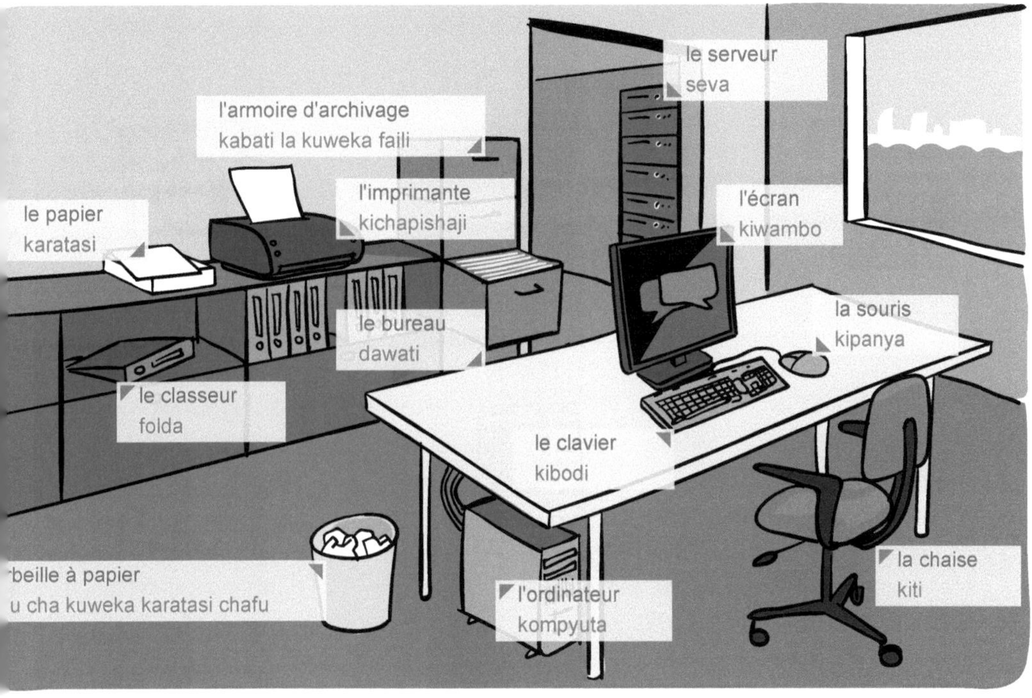

le serveur
seva

l'armoire d'archivage
kabati la kuweka faili

l'imprimante
kichapishaji

l'écran
kiwambo

le papier
karatasi

la souris
kipanya

le bureau
dawati

le classeur
folda

le clavier
kibodi

la chaise
kiti

beille à papier
u cha kuweka karatasi chafu

l'ordinateur
kompyuta

la tasse à café
....
kmobe la kahawa

la calculatrice
....
kikokotoo

l'internet
....
biashara

l'ordinateur portable

mbali

la lettre

barua

le message

ujumbe

le portable

rununu

le réseau

intaneti

la photocopieuse

fotokopia

le logiciel

programu

le téléphone

simu

la prise

soketi

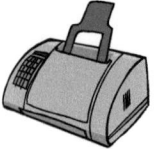

le fax

kipepesi

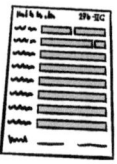

le formulaire

fomu

le document

hati

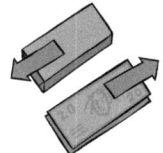

acheter

kununua

payer

kulipa

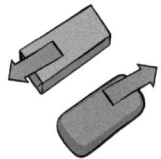

marchander

biashara

la monnaie

fedha

le dollar

dola

l'euro

yuro

le yen

yeni

le rouble

rouble

le franc suisse

faranga ya Uswisi

le renminbi yuan

renminbi yuan

la roupie

rupia

le distributeur automatique

eneo la kulipia

le bureau de change

ofisi ya ubadilishanaji

l'or

dhahabu

l'argent

fedha

le pétrole

mafuta

l'énergie

nishati

le prix

bei

le contrat

mkataba

la taxe

kodi

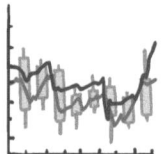

l'action

bidhaa

travailler

kazi

l'employé

mfanyakazi

l'employeur

mwajiri

l'usine

kiwanda

le magasin

duka

les professions

kazi

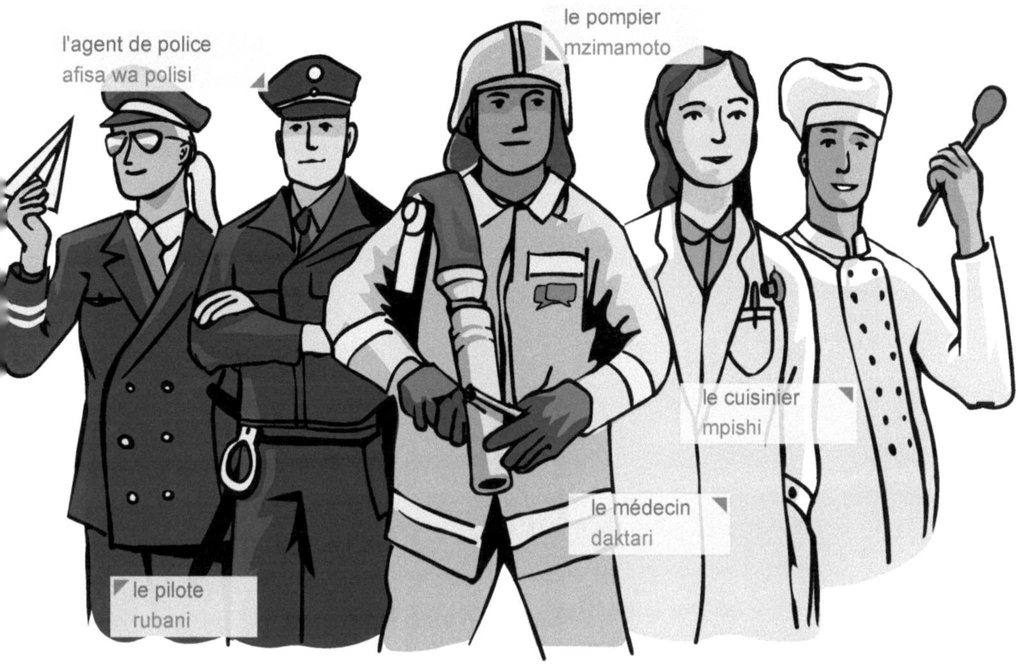

le pompier
mzimamoto
l'agent de police
afisa wa polisi
le cuisinier
mpishi
le médecin
daktari
le pilote
rubani

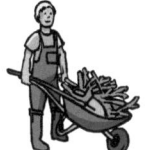

le jardinier

mtunza bustani

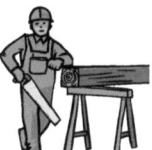

le menuisier

seremala

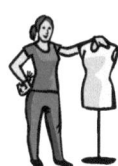

la couturière

mshonaji

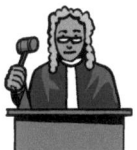

le juge

hakimu

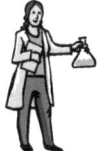

le chimiste

mwanakemia

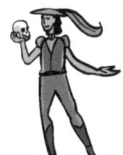

l'acteur

muigizaji

le conducteur de bus

dereva wa basi

le chauffeur de taxi

dereva wa teksi

le pêcheur

mvuvi

la femme de ménage

mwanamke wa kusafisha

le couvreur

mwezekaji

le serveur

mhudumu

le chasseur

mwindaji

le peintre

mchoraji

le boulanger

mwokaji

l'électricien

umeme

l'ouvrier

mjenzi

l'ingénieur

mhandisi

le boucher

mchinjaji

le plombier

fundi bomba

le facteur

mwanaposta

le soldat

mwanajeshi

l'architecte

msanifu majengo

le caissier

keshia

le fleuriste

muuza maua

le coiffeur

msusi

le contrôleur

kondakta

le mécanicien

mekanika

le capitaine

nahodha

le dentiste

daktari wa meno

le scientifique

mwanasayansi

le rabbin

rabbi

l'imam

imamu

le moine

mtawa

le prêtre

kasisi

les outils

zana

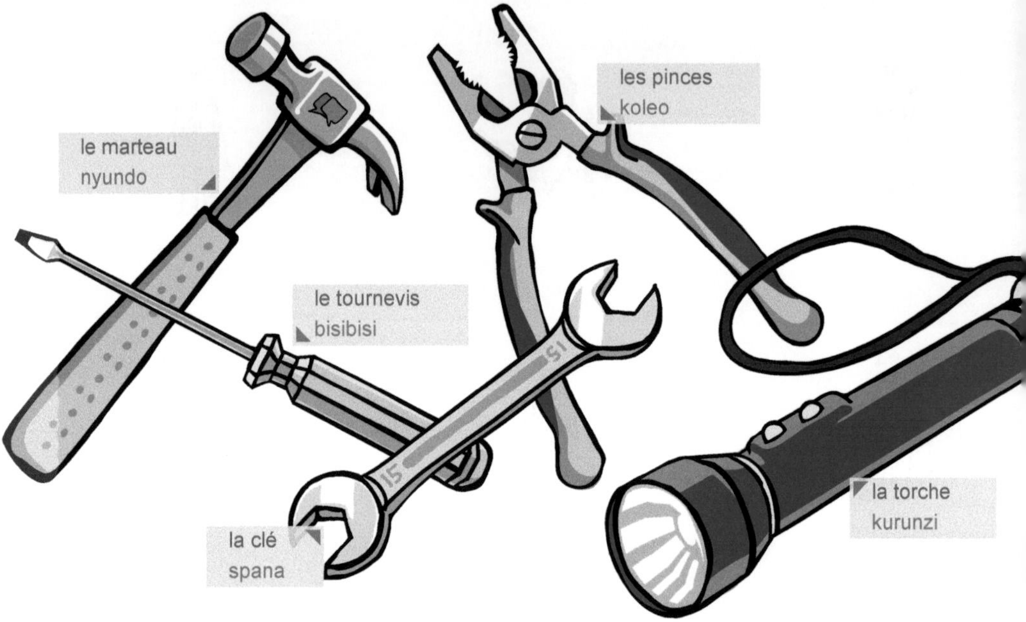

le marteau
nyundo
les pinces
koleo
le tournevis
bisibisi
la clé
spana
la torche
kurunzi

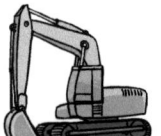

la pelleteuse

mchimbaji

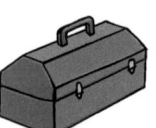

la boîte à outils

sanduku la vifaa

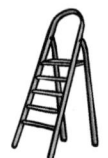

l'échelle

ngazi

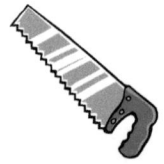

la scie

msumeno

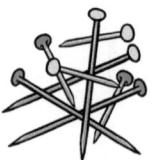

les clous

misumari

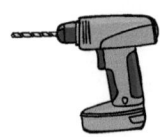

la perceuse

kuchimba visima

réparer

kukarabati

la pelle

sepetu

Mince!

Lo!

la pelle

kishikio cha uchafu

le pot de peinture

chungu cha rangi

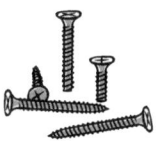

les vis

skurubu

les instruments de musique
ala za muziki

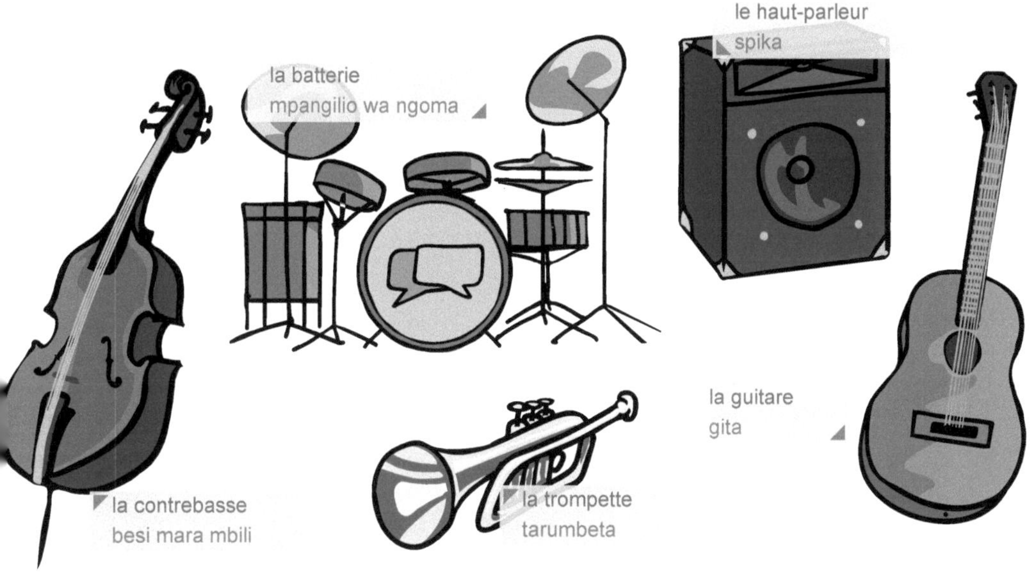

le haut-parleur
spika

la batterie
mpangilio wa ngoma

la guitare
gita

la contrebasse
besi mara mbili

la trompette
tarumbeta

le piano

piano

le violon

fidla

la basse

ubeji

les timbales

timpani

le tambour

ngoma

le piano électrique

kibodi

le saxophone

saksafoni

la flûte

filimbi

le microphone

maikrofoni

le zoo

bustani ya wanyama

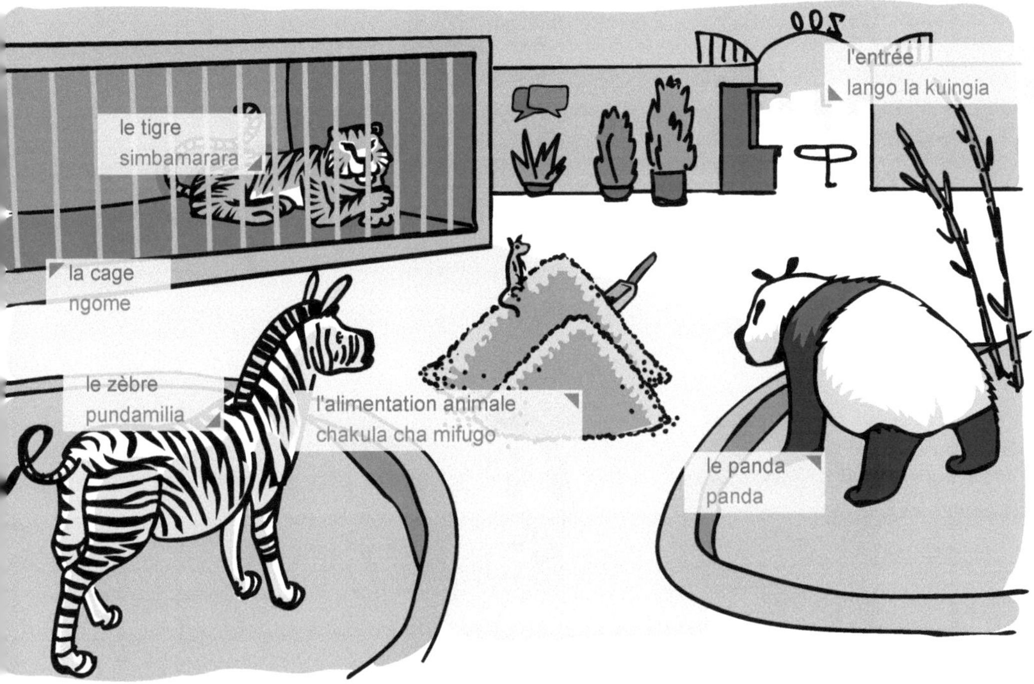
l'entrée
lango la kuingia
le tigre
simbamarara
la cage
ngome
le zèbre
pundamilia
l'alimentation animale
chakula cha mifugo
le panda
panda

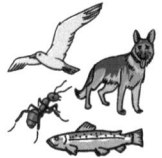

les animaux

wanyama

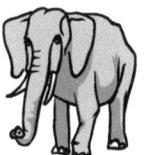

l'éléphant

tembo

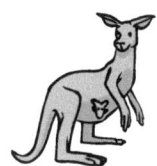

le kangourou

kangaruu

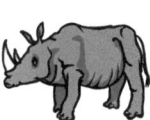

le rhinocéros

kifaru

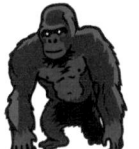

le gorille

sokwe

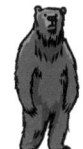

l'ours

dubu

le chameau

ngamia

l'autruche

mbuni

le lion

simba

le singe

tumbili

le flamand rose

heroe

le perroquet

kasuku

l'ours polaire

dubu

le pingouin

penguini

le requin

papa

le paon

tausi

le serpent

nyoka

le crocodile

mamba

le gardien de zoo

mtunza wanyama

le phoque

muhuri

le jaguar

jaguar

le poney

mwanafarasi

le léopard

chui

l'hippopotame

kiboko

la girafe

twiga

l'aigle

tai

le sanglier

nguruwe mwitu

le poisson

samaki

la tortue

kobe

le morse

sili

le renard

mbweha

la gazelle

paa

l'american Football
soka ya marekani

le cyclisme
uendeshaji baiskeli

le tennis
tenisi

le basket-ball
mpira wa kikapu

la natation
kuogelea

la boxe
ndondi

le hockey sur glace
magongo ya barafuni

le football

soka

le badminton

vinyoya

l'athlétisme

riadha

le handball

mpira wa mikono

le ski

skii

le polo

polo

les activités
shughuli

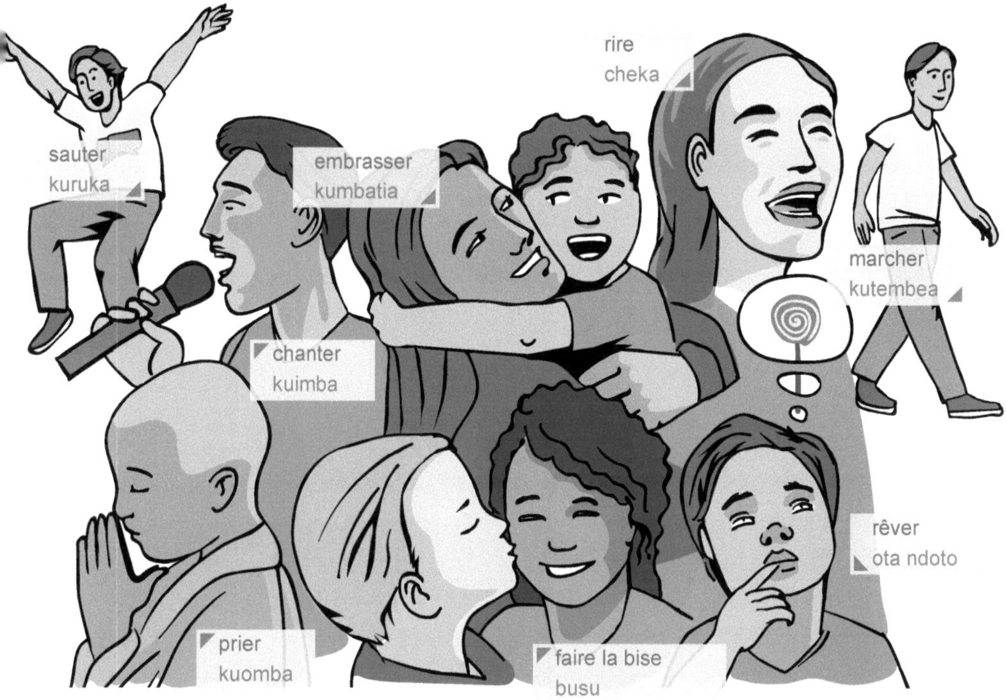
sauter
kuruka
embrasser
kumbatia
rire
cheka
marcher
kutembea
chanter
kuimba
rêver
ota ndoto
prier
kuomba
faire la bise
busu

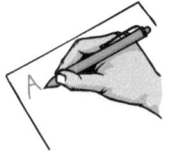

écrire

kuandika

dessiner

kuteka

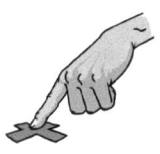

montrer

angalia

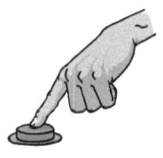

pousser

sukuma

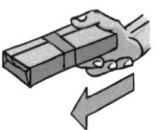

donner

kutoa

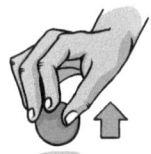

prendre

kuchukua

avoir
kuwa

faire
fanya

être
kuwa

être debout
kusimama

courir
kukimbia

trier
vuta

jeter
kutupa

tomber
kuanguka

être couché
hadaa

attendre
kusubiri

porter
kubeba

être assis
kukaa

s'habiller
vaa nguo

dormir
usingizi

se réveiller
kuamka

regarder

kuangalia

pleurer

lia

caresser

kiharusi

peigner

chana nywele

parler

ongea

comprendre

kuelewa

demander

kuuliza

écouter

kusikiliza

boire

kunywa

manger

kula

ranger

nadhifisha

aimer

upendo

cuire

mpishi

conduire

gari

voler

kuruka

faire de la voile

meli

calculer

kokotoa

lire

kusoma

apprendre

kujifunza

travailler

kazi

se marier

kuoa

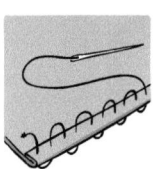

coudre

kushona

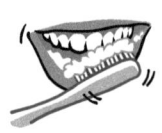

se brosser les dents

piga mswaki

tuer

kuua

fumer

moshi

envoyer

kutuma

la famille

familia

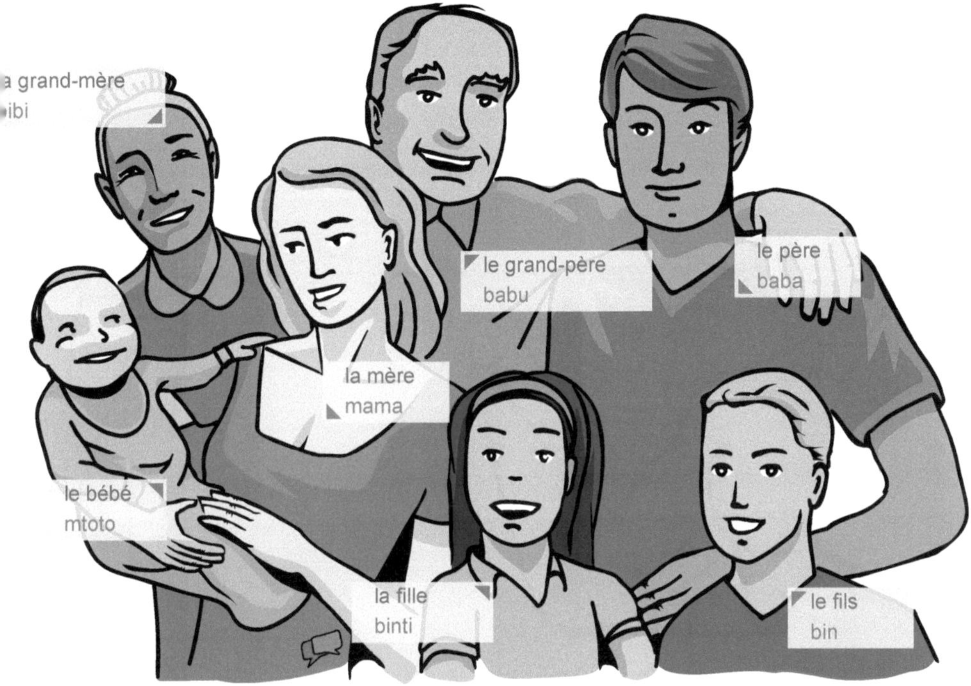

a grand-mère
ibi
le grand-père
babu
le père
baba
la mère
mama
le bébé
mtoto
la fille
binti
le fils
bin

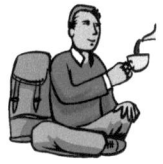

l'hôte

mgeni

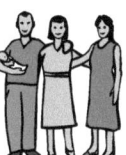

la tante

shangazi

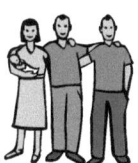

l'oncle

mjomba

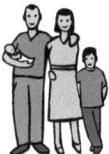

le frère

kaka

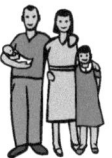

la sœur

dada

le corps
mwili

le front
paji la uso
l'œil
jicho
le visage
uso
le menton
kidevu
la poitrine
matiti
le doigt
kidole
la main
mkono
le bras
mkono
l'épaule
bega
la jambe
mguu

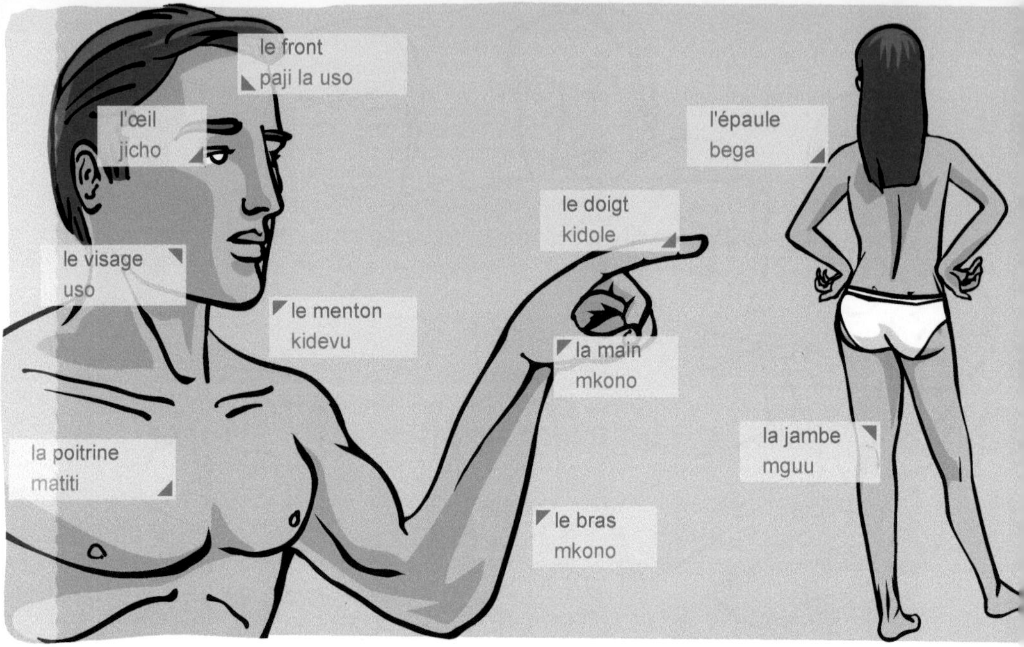

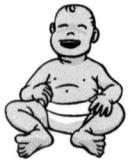

le bébé
mtoto

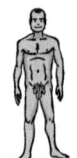

l'homme
mwanamume

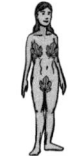

la femme
mwanamke

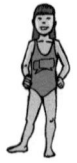

la fille
msichana

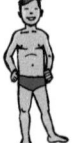

le garçon
mvulana

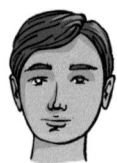

la tête
kichwa

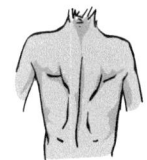

le dos

nyuma

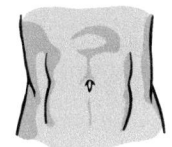

le ventre

tumbo

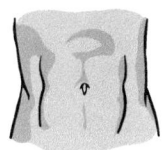

le nombril

kitovu

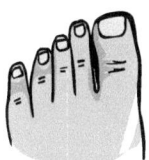

l'orteil

chano

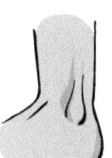

le talon

kisigino

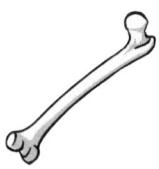

l'os

mfupa

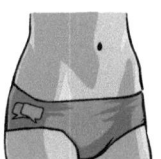

la hanche

nyonga

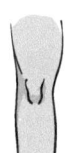

le genou

goti

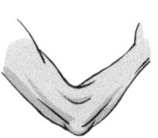

le coude

kiwiko

le nez

pua

les fesses

chini

la peau

ngozi

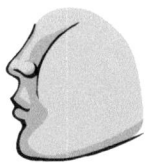

la joue

shavu

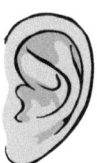

l'oreille

sikio

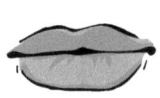

la lèvre

mdomo

la bouche
....
kinywa

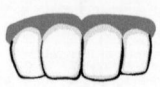

la dent
....
jino

la langue
....
ulimi

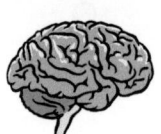

le cerveau
....
ubongo

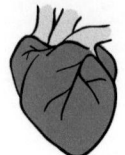

le cœur
....
moyo

le muscle
....
misuli

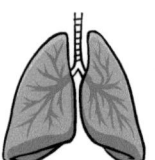

les poumons
....
pafu

le foie
....
ini

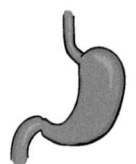

l'estomac
....
tumbo

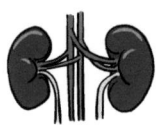

les reins
....
figo

le rapport sexuel
....
jinsia

le préservatif
....
kondomu

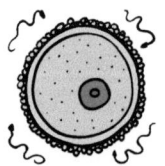

l'ovule
....
ovari

le sperme
....
shahawa

la grossesse
....
mimba

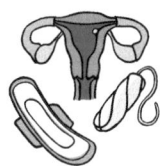

la menstruation
....
hedhi

le vagin
....
uke

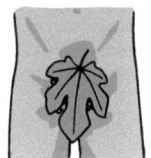

le pénis
....
uume

le sourcil
....
unyusi

les cheveux
....
nywele

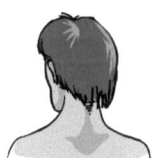

le cou
....
shingo

l'hôpital

hospitali

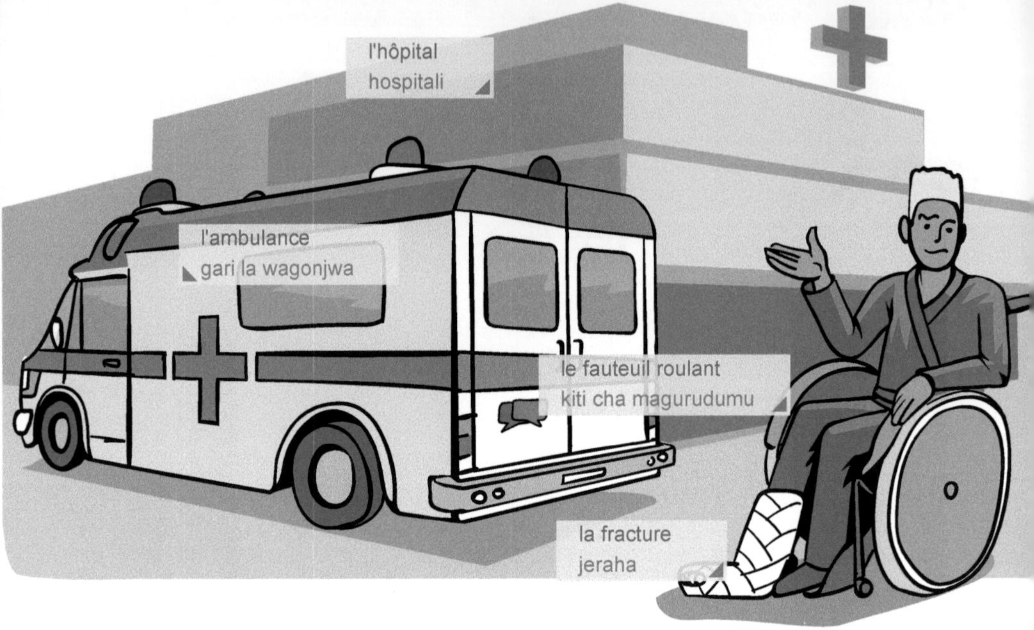

l'hôpital
hospitali
l'ambulance
gari la wagonjwa
le fauteuil roulant
kiti cha magurudumu
la fracture
jeraha

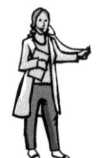

le médecin

daktari

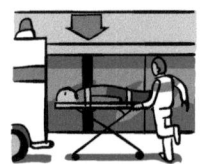

le service des urgences

chumba cha dharura

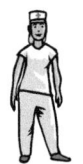

l'infirmière

muuguzi

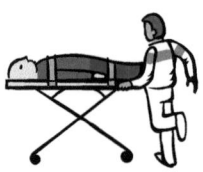

l'urgence

dharura

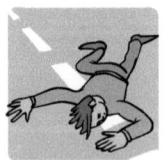

inconscient

kupoteza fahamu

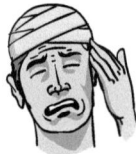

la douleur

maumivu

la blessure
kuumia

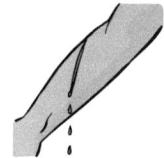

l'hémorragie
kutokwa na damu

la crise cardiaque
mshtuko wa moyo

l'attaque cérébrale
kiharusi

l'allergie
mzio

la toux
kikohozi

la fièvre
homa

la grippe
mafua

la diarrhée
kuharisha

le mal de tête
maumivu ya kichwa

le cancer
kansa

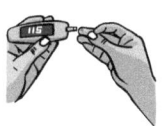

le diabète
ugonjwa wa kisukari

le chirurgien
daktari mpasuaji

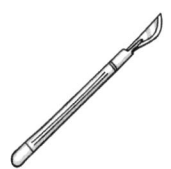

le scalpel
kisu kidogo cha kupasulia

l'opération
operesheni

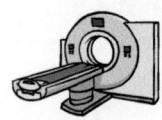

le CT

picha changanufu ya mwili

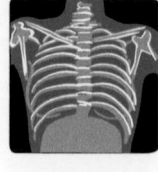

la radiographie

Eksrei

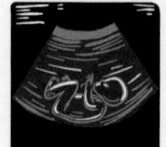

l'échographie

mawimbi sauti

le masque

barakoa ya uso

la maladie

ugonjwa

la salle d'attente

chumba cha kusubiri

la béquille

mkongojo

le pansement

plasta

le pansement

bendeji

l'injection

sindano

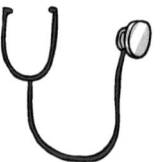

le stéthoscope

stetoskopu

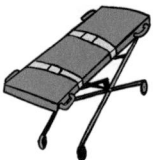

le brancard

machela

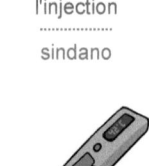

le thermomètre

kipimajoto cha kliniki

l'accouchement

kuzaliwa

le surpoids

unene kupita kiasi

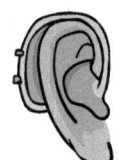

l'appareil auditif

kusikia misaada

le désinfectant

kipukusi

l'infection

maambukizi

le virus

virusi

le VIH / le sida

VVU / UKIMWI

le médicament

dawa

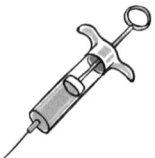

la vaccination

chanjo

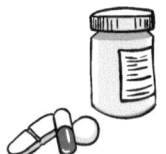

les tablettes

vidonge

la pilule

kidonge

l'appel d'urgence

simu ya dharura

le tensiomètre

haemodainamometa

malade / sain

mgonjwa / mwenye afya

Au secours!

Msaada!

l'alarme

kengele

l'agression

pigo

l'attaque

shambulizi

le danger

hatari

la sortie de secours

lango la dharura

Au feu!

Moto!

l'extincteur

kizima moto

l'accident

ajali

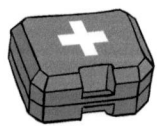

la trousse de premier
secours

vifaa vya huduma ya
kwanza

SOS

wito wa msaada

la police

polisi

l'Europe

Ulaya

l'Amérique du Nord

Amerika ya Kaskazini

l'Amérique du Sud

Amerika ya Kusini

l'Afrique

Afrika

l'Asie

Asia

l'Australie

Australia

l'Océan atlantique

Atlantiki

l'Océan pacifique

Pasifiki

l'Océan indien

Bahari ya Hindi

l'Océan antarctique

Bahari ya Antaktiki

l'Océan arctique

Bahari ya Aktiki

le Pôle nord

Ncha ya Kaskazini

le Pôle sud

Ncha ya Kusini

l'Antarctique

Antaktika

la terre

dunia

le pays

nchi

la mer

bahari

l'île

kisiwa

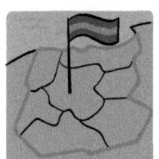

la nation

taifa

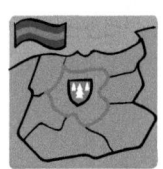

l'état

jimbo

le cadran

uso wa saa

l'aiguille des heures

akrabu ya saa

l'aiguille des minutes

akrabu ya dakika

l'aiguille des secondes

akrabu ya sekunde

Quelle heure est-il?

Ni saa ngapi?

le jour

siku

le temps

wakati

maintenant

sasa

la montre digitale

saa ya dijitali

la minute

dakika

l'heure

saa

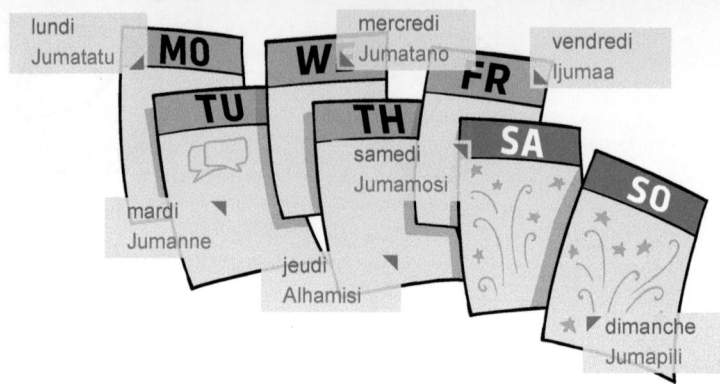

lundi
Jumatatu

mercredi
Jumatano

vendredi
Ijumaa

samedi
Jumamosi

mardi
Jumanne

jeudi
Alhamisi

dimanche
Jumapili

hier
....
jana

aujourd'hui
....
leo

demain
....
kesho

le matin
....
asubuhi

le midi
....
saa sita mchana

le soir
....
jioni

les jours ouvrables
....
siku za biashara

le week-end
....
mwishoni mwa wiki

la pluie
mvua

l'arc-en-ciel
upinde wa mvua

la neige
theluji

le vent
upepo

le printemps
majira ya machipuko

l'automne
vuli

l'été
kiangazi

l'hiver
majira ya baridi

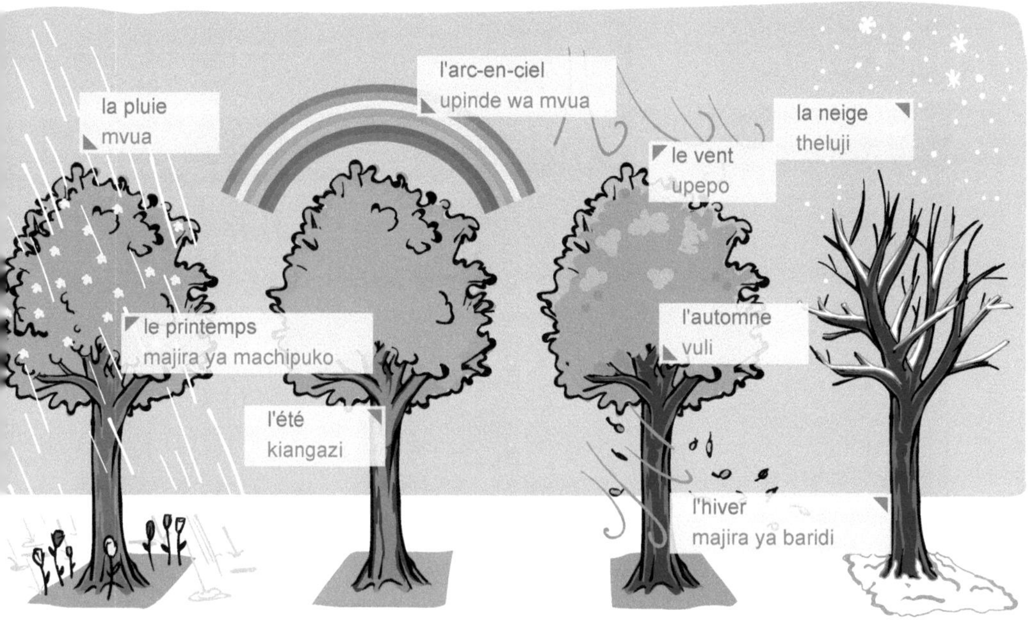

la météo
utabiri wa hali ya hewa

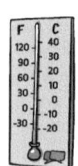

le thermomètre
kipimajoto

la lumière du soleil
mwanga wa jua

le nuage
wingu

le brouillard
ukungu

l'humidité
unyevu

la foudre

umeme

le tonnerre

radi

la tempête

dhoruba

la grêle

mvua ya mawe

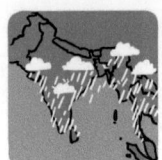

la mousson

monsuni

l'inondation

mafuriko

la glace

barafu

janvier

Januari

février

Februari

mars

Machi

avril

Aprili

mai

Mei

juin

Juni

juillet

Julai

août

Agosti

septembre

Septemba

octobre

Oktoba

novembre

Novemba

décembre

Desemba

les formes
maumbo

le cercle

mduara

le carré

mraba

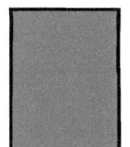

le rectangle

mstatili

le triangle

pembetatu

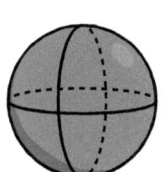

la sphère

nyanja

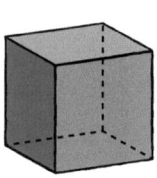

le cube

mchemraba

blanc

nyeupe

jaune

manjano

orange

chungwa

rose

rangi ya waridi

rouge

nyekundu

violet

hudhurungi

bleu

bluu

vert

kijani

marron

hanja

gris

jivujivu

noir

nyeusi

beaucoup / peu

mengi / kidogo

fâché / calme

hasira / pole

joli / laid

nzuri / mbaya

le début / la fin

mwanzo / mwisho

grand / petit

kubwa / ndogo

clair / obscure

angavu / giza

le frère / la sœur

kaka / dada

propre / sale

safi / chafu

complet / incomplet

kamilika / tokamilika

le jour / la nuit

siku / usiku

mort / vivant

wafu / hai

large / étroit

pana / nyembamba

comestible / incomestible

kulika / kutolika

méchant / gentil

ovu / ema

excité / ennuyé

sisimkwa / udhika

gros / mince

nene / nyembamba

le premier / le dernier

kwanza / mwisho

l'ami / l'ennemi

rafiki / adui

plein / vide

jaa / tupu

dur / souple

ngumu / laini

lourd / léger

nzito / nyepesi

faim / soif

njaa / kiu

malade / sain

mgonjwa / mwenye afya

illégal / légal

haramu / kisheria

intelligent / stupide

akili / kijinga

gauche / droite

kushoto / kulia

proche / loin

karibu / mbali

nouveau / usé
mpya / kutumika

rien / quelque chose
kitu / jambo

vieux / jeune
zee / changa

marche / arrêt
waka / zima

ouvert / fermé
wazi / fungwa

faible / fort
utulivu / kelele

riche / pauvre
tajiri / masikini

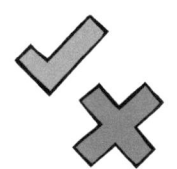

correct / incorrect
sahihi / kosa

rugueux / lisse
mbaya / laini

triste / heureux
huzunika / furahia

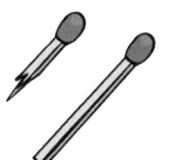

court / long
fupi /ndefu

lent / rapide
polepole / haraka

mouillé / sec
nyevu / kavu

chaud / froid
joto / baridi

la guerre / la paix
vita / amani

0

zéro

sufuri

1

un

moja

2

deux

mbili

3

trois

tatu

4

quatre

nne

5

cinq

tano

6

six

sita

7

sept

saba

8

huit

nane

9

neuf

tisa

10

dix

kumi

11

onze

kumi na moja

12

douze

kumi na mbili

13

treize

kumi na tatu

14

quatorze

kumi na nne

15

quinze

kumi na tano

16

seize

kumi na sita

17

dix-sept

kumi na saba

18

dix-huit

kumi na nane

19

dix-neuf

kumi na tisa

20

vingt

ishirini

100

cent

mia

1.000

mille

elfu

1.000.000

le million

milioni

l'anglais

Kiingereza

l'anglais américain

Kiingereza cha Marekani

le chinois mandarin

Kimandarini cha Uchina

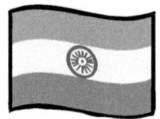

le hindi

Kihindi

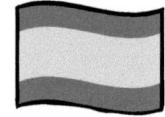

l'espagnol

Kihispania

le français

Kifaransa

l'arabe

Kiarabu

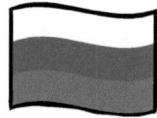

le russe

Kirusi

le portugais

Kireno

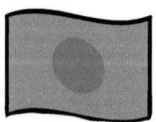

le bengali

Kibengali

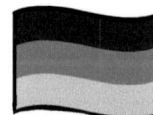

l'allemand

Kijerumani

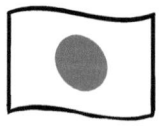

le japonais

Kijapani

je
....
mimi

tu
....
wewe

il / elle
....
yeye / yeye / ni

nous
....
sisi

vous
....
wewe

ils / elles
....
wao

qui?
....
nani?

quoi?
....
nini?

comment?
....
jinsi gani?

où?
....
wapi?

quand?
....
lini?

le nom
....
jina

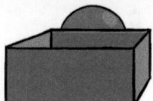

derrière

nyuma

dans

katika

devant

mbele ya

au-dessus

juu ya

sur

kwenye

en-dessous

chini ya

à côté de

kando

entre

kati

le lieu

mahali

·